W0173902

Lutz Müller

Kinder des Universums

Vom Sinn
des Lebens

Lutz Müller

Kinder des Universums

Die Kunst, den Sinn des Lebens zu finden

KREUZ

Die Deutsche Bibliothek – CIP-Einheitsaufnahme

Müller, Lutz:
Kinder des Universums : die Kunst, den Sinn des Lebens zu
finden / Lutz Müller. – Stuttgart : Kreuz-Verl., 1994
  (Vom Sinn des Lebens)
  ISBN 3-7831-1339-3

1 2 3 4 5 6   98 97 96 95 94

© by Dieter Breitsohl AG
Literarische Agentur Zürich 1994
Alle deutschsprachigen Rechte beim Kreuz Verlag Stuttgart
Postfach 80 06 69, 70506 Stuttgart, Tel.: 07 11-78 80 30
Umschlaggestaltung: Atelier Reichert, Stuttgart
Satz: Gulde Druck, Tübingen
Druck: Wiener Verlag, A-Himberg
ISBN 3 7831 1339 3

Inhalt

Das tiefste und erhabenste Gefühl,
dessen wir fähig sind,
ist das Erlebnis des Mystischen.
Aus ihm keimt alle Wissenschaft.
Wem dieses Gefühl fremd ist,
wer sich nicht mehr wundern
und in Ehrfurcht verlieren kann,
der ist bereits tot.

Albert Einstein[1]

Der unbekannte Schatz, der in uns verborgen ist

*W*ir Menschen besitzen etwas, das kostbarer ist, als alles, was wir jemals sonst besitzen können. Aber erstaunlicherweise wissen wir von diesem Besitz nichts. Wir haben die fast unüberwindliche Neigung, das Glück und den Sinn unseres Lebens dort zu suchen, wo sie eigentlich nicht gefunden werden können und übersehen, daß sie unmittelbar vor uns liegen. Und weil wir so eigentümlich blind sind, müssen wir häufig merkwürdige Umwege gehen, bis wir entdecken, was wir immer schon besaßen.

Das ist ein sehr altes Thema. Die großen Weisheitslehrer der Menschheit, die Religionsstifter, die Dichter und die Mystiker, die Philosophen und Psychologen haben es immer wieder zum Ausdruck gebracht. In der bekannten chassidischen Geschichte von Rabbi Isaak wird es sehr humorvoll folgendermaßen dargestellt:

Eines Nachts wurde dem Rabbi Isaak im Traum gesagt, er solle in das weit entfernte Prag reisen und dort unter der Brücke, die

*zum Königspalast führt, nach einem verbor-
genen Schatz graben. Er nahm den Traum
nicht ernst.*

*Aber als er ihn fünf- bis sechsmal hinterein-
ander träumte, entschloß er sich, die Suche
nach dem Schatz aufzunehmen.*

*Als er zu der Brücke kam, fand er sie zu sei-
nem Entsetzen Tag und Nacht schwer be-
wacht von Soldaten. Er konnte lediglich aus
der Entfernung auf die Brücke starren. Aber
da er sich jeden Morgen dort einstellte, trat
der Hauptmann der Wache eines Tages zu
ihm und fragte nach dem Grund. Rabbi
Isaak war zwar verlegen, daß er einer frem-
den Seele seinen Traum erzählen sollte, aber
da ihm der gutmütige Christ sympathisch
war, offenbarte er sich ihm. Der Hauptmann
brüllte vor Lachen und sagte:*

*»Großer Gott! Ihr seid ein Rabbi und ihr
nehmt Träume ernst? Wenn ich so dumm
wäre, um mich nach meinen Träumen zu
richten, würde ich heute in Polen herumwan-
dern. Ich will Euch einen erzählen, den ich
letzte Nacht hatte und der häufig wieder-
kehrt: Eine Stimme sagte mir, ich solle nach
Krakau gehen und in der Küchenecke eines*

gewissen Isaak, Sohn des Ezechiel, nach ei-
nem Schatz graben! Wäre es nicht die dümm-
ste Sache der Welt, in Krakau nach einem
Mann namens Isaak zu suchen, und nach ei-
nem anderen, der Ezechiel heißt, wenn dort
die Hälfte der männlichen Bevölkerung den
einen Namen trägt und die andere Hälfte den
anderen?«

Der Rabbi war starr vor Staunen. Er dankte
dem Hauptmann für seinen Rat, eilte nach
Hause, grub ein Loch in seiner Küche und
fand dort einen so großen Schatz, daß er bis
zu seinem Tode ein sorgenfreies Leben füh-
ren konnte.[2]

Das unfaßbare Wunder des Lebens

*W*as ist das für ein geheimnisvoller Schatz in unserem eigenen Haus, der uns so unglaublich nah, andererseits doch auch so eigentümlich verborgen ist? Darauf ließe sich einfach antworten: Es ist die Erkenntnis des Wunders unseres Daseins und unserer Lebendigkeit.

Möglicherweise wenden an dieser Stelle viele ein: »Was, das soll alles sein? Der heimliche Schatz, das Himmelreich, das wahre Selbst, alles, was ich gesucht habe, wonach ich mich gesehnt habe, soll einfach das Leben hier auf unserem Planeten sein? Dieses schwierige, dieses verrückte, dieses verdammte Leben mit all seinem Leid, seiner Angst, seinem Kampf, seinem Ärger, seiner Gewalt, den Grausamkeiten und Unmenschlichkeiten, den Krankheiten, dem Alter, dem Tod? Dieses Leben lebe ich ja schon die ganze Zeit, und ich bin nicht glücklich dabei geworden!«

Wir übersehen bei dieser spontanen Reaktion das kleine, aber alles entscheidende, das weltumstürzende, revolutionäre, magische Wörtlein »Erkenntnis«. Erst wenn wir wirklich erkennen und begreifen, gedanklich und gefühlsmäßig, erst wenn wir uns im Innersten unseres Herzens davon treffen lassen, daß unsere Existenz auf dieser Erde ein Wunder ist, dann haben wir den verborgenen Schatz gefunden oder – vielleicht besser – dann beginnt in uns eine Ahnung aufzusteigen, wo sich der Schatz, den wir suchen, eigentlich befindet.

Wenn wir diese Erkenntnis vom Wunder unserer Existenz in uns aufgehen lassen, dann werden wir entdecken, daß das, wonach wir insgeheim immer gesucht haben, wonach wir uns im Innersten gesehnt haben, wirklich existiert! Unsere tiefe Sehnsucht nach Glück, Liebe, Freiheit und Frieden ist nicht eine unerfüllbare Hoffnung oder ein illusionärer Traum, sondern ein wirklich erfahrbarer Zustand, wenn wir nur bereit sind, ihn zuzulassen. Der Zustand der Befreiung und des Glücks ist nicht nur erfahrbar, sondern uns auch unmittelbar nahe. Und das allerschönste: Er ist in gewisser Hinsicht bedingungslos, selbstverständlich und einfach, er bedarf keiner Anstrengung, keiner moralischen Leistung. Er ist auch kein Gnadenakt, der uns von einer unbekannten Wesenheit erst dann zugestanden wird, wenn wir ihn uns verdient haben. Er ist einfach ein Geschenk der Schöpfung an uns.

Es ist, als hätte uns die Schöpfung unser Leben anvertraut mit den Worten: »Hier, nimm die Fülle, das Beste, was ich Dir geben kann, das Beste, was überhaupt existiert.« Jedem von uns steht diese Erfahrung der Fülle zu, auch wenn wir es nicht wissen und es uns sehr schwer fällt, sie zu sehen, zu würdigen und anzunehmen.

Der Schatten des Alltags

*A*ber obwohl unser Leben ein unergründliches Geheimnis ist, erfüllt von lebendiger, schöpferischer Energie, immer wieder Neues und Wunderbares hervorbringend, leben wir doch meist so, als sei es uns restlos bekannt, als sei unser Leben gar nichts Besonderes, vielmehr etwas nur ganz Alltägliches, ja sogar Langweiliges. Ja, es ist sogar möglich, daß wir zeitlebens niemals auf den Gedanken kommen, daß es eigentlich sehr sonderbar ist, daß wir überhaupt leben. Es liegt ein dunkler Schleier über unserer Seele und unserem Bewußtsein, der unsere Welt und unser Leben grau in grau, gleichförmig und langweilig erscheinen läßt. Wir können uns nicht wundern, wir können uns nicht freuen, wir können nicht staunen, wir sind nicht fasziniert, wir sind nicht lebendig, nicht neugierig.

Wie beglückend könnte es sein, einfach nur da zu sein, wie beglückend, sich hier auf dieser Erde, unter diesem Himmel, zu bewegen, zu sehen und zu hören, zu sprechen und zu singen, zu fühlen und zu denken, zu phantasieren und zu handeln, zu lachen und zu lieben! Wer sonst noch in unserem

weiten Sonnensystem ist dazu in der Lage? Wie
wunderbar sind schon alle diese Fähigkeiten, die
uns von Anfang an und ohne unser absichtliches
Zutun mitgegeben werden! Aber wir belasten unser Alltagsleben mit so vielen ablenkenden und
leidvollen Ereignissen, daß wir das Wunderbare
dieser Fähigkeiten vergessen und unsere tiefe Sehnsucht nach Lebendigkeit, Freude, Liebe und Freiheit nicht mehr unmittelbar empfinden. Kaum jemand scheint überhaupt noch zu wissen oder wissen zu wollen, daß das Leben über die »Nur-All-
täglichkeit« hinaus noch eine viel großartigere, er-
habenere Bedeutung haben könnte, daß es auch einen »All-Tag« geben könnte, in dem wir uns unseres kosmischen Ursprungs und unserer evolutionären Aufgabe bewußt sind.

Der archimedische Standpunkt

*A*ls Erwachsene können wir mit Aussagen über das Wunder unserer Existenz, so wahr sie uns irgendwie erscheinen mögen und so wahr sie auch sind, meist wenig anfangen. Sie bleiben bestenfalls intellektuelle Gedanken und berühren unser Herz nicht. Weil wir das Wunder unserer Existenz nicht fühlen, hat es keine verwandelnde Wirkung auf unser Leben. Wir sind wie Fische im Wasser, die es nach Wasser dürstet, oder wie so manche Könige im Märchen, die alles, was sie wirklich brauchen, bereits besitzen und dennoch dauernd unzufrieden und krank sind.

Die entscheidende Frage ist also: Wie kann uns diese einfache, essentielle Wahrheit vom Wunder unserer Existenz so erfassen, daß sie uns verändert, daß sie uns mit Freude, Liebe und Dankbarkeit erfüllt? Wie können wir uns dieses Geschenkes der Fülle und Glückseligkeit erinnern, wie können wir es uns bewußt machen? Wie können wir das alles wirklich fühlen?

Die Antwort darauf ist nicht leicht zu geben. In der Geschichte von Rabbi Isaak wird gezeigt, daß es dazu offenbar einer längeren Suchwanderung bedarf. Es bedarf eines scheinbaren Umwegs, der zu einer Kontrasterfahrung führt, einer Erfahrung, die uns Menschen aus unserer alltäglichen Routine, unseren Pflichten und Abhängigkeiten herausnimmt und uns hilft, unsere Lebenswirklichkeit neu und umfassender wahrzunehmen.

Archimedes, der Entdecker des berühmten archimedischen Punktes, hat sinngemäß gesagt: »Gebt mir einen Punkt außerhalb der Erde, und ich werde die Welt aus den Angeln heben.«

Was könnte ein solcher archimedischer Punkt außerhalb sein, der unsere eng gewordene Bewußtseinswelt mit ihren starren Gewohnheiten und ihrer dumpfen Unbewußtheit aus den Angeln zu heben vermag? Bei vielen Menschen ist es eine krisenhafte, existentielle Notsituation, eine Trennung, eine Krankheit, ein Unfall, die Nähe des Todes. Plötzlich werden sie aus dem ewig kreisenden Rad der Gleichförmigkeit herausgerissen und können ihr Leben aus einer völlig neuen Perspektive sehen. Auf einmal erkennen sie deutlich und klar – fast, als es zu spät ist –, wie bedeutsam das Leben wirklich ist oder hätte sein können.

Aber muß es erst soweit kommen, bis wir aufwachen? Müssen wir fast tot sein, um die Gnade unseres Lebendigseins erfahren zu können?

Seit Urzeiten haben die Menschen nach anderen, weniger leidvollen Möglichkeiten gesucht, um zu einer solchen Bewußtseinsveränderung zu gelangen. Symbole, Träume, Rituale, Körperübungen, Gebete, Kontemplationen, Meditationen und Imaginationen sowie Gespräche mit erfahrenen Menschen, die diese Wege bereits gegangen sind, können uns helfen, aus dem Labyrinth unserer festgefahrenen Verhaltens- und Erlebensweisen herauszufinden.

Neben diesen altüberlieferten Wegen eröffnet sich uns heutigen Menschen aber noch eine weitere Möglichkeit. Diese wird uns überraschenderweise gerade durch die moderne Technik und die Wissenschaften geschenkt, die uns oft so unmenschlich und materialistisch begegnen.

Der archimedische Punkt, von dem aus unsere alltägliche Bewußtseinswelt aus den Angeln gehoben werden kann, könnte einfach der Blick auf unseren Planeten Erde sein, wie er vom Weltraum aus möglich ist.

Der neue All-Tag angesichts der Erde

Fred Hoyle, ein amerikanischer Astrophysiker, prophezeite 1948:

> *Wenn es einmal eine Fotografie der Erde geben wird, die von Draußen aus aufgenommen ist, ... dann wird eine neue Idee um sich greifen, die so umwälzend sein wird, wie nur je eine in der Geschichte gewesen ist.*[3]

Vielleicht handelt es sich hier tatsächlich um eine der bedeutungsvollsten Erfahrungen der Menschheit. Der Blick auf unsere Erde könnte uns wie fast keine andere Einsicht dazu verhelfen, aus dem Gefängnis des Alltäglichen heraus-, in die Freiheit und Weite des All-Tags hineinzufinden und das Wunder des Lebens zu entdecken.

Denken wir nur an die unermeßliche Weite und Tiefe des Universums mit seinen Milliarden von Sonnensystemen und Galaxien, an die unvorstellbaren Zeiträume, in denen Planeten und Sterne in gigantischen Geburtswehen und gigantischen Todeskämpfen entstehen und vergehen. Denken wir dann an unseren blauen Planeten Erde, der wie

eine gastfreundliche Oase in der Dunkelheit, Kälte, Unwirtlichkeit, Einsamkeit, Fremdheit und
Dunkelheit des Weltalls aufleuchtet. Denken wir
an die Jahrmillionen, die nötig waren, bis Leben
auf dieser Erde entstehen konnte, an die unermeßlichen Qualen und Leiden, den unerbittlichen
Kampf ums Dasein und ums Überleben, durch die
sich das Leben auf diesem Planeten durchgesetzt
und fortentwickelt hat. Und denken wir schließlich an uns Menschen mit unserem wunderbaren
Organismus, unserem Körper, unseren Sinnen,
unseren Empfindungen, unseren Gedanken und
Phantasien und unserem Bewußtsein, dem Wunder aller Wunder, das uns in die Lage versetzt, dies
alles zu erkennen und zu fühlen.

Was wir heute zu einem bestimmten Zeitpunkt
sind, das ist das vorläufige Resultat eines 15 Milliarden Jahre lang laufenden kosmischen Projek-
tes, zu dem unzählige Lebewesen mit ihrem Leben und Sterben, mit ihrem Streben und Versa-
gen, mit ihren Freuden und Leiden beigetragen
haben. Und wir haben das Vorrecht, aus diesem
unglaublichen Prozeß hervorgegangen zu sein
und das Wunder des Lebens genießen zu dürfen!

Wie groß müßte unser Staunen, wie tief müßte
unsere Dankbarkeit sein gegenüber allem Seien-

den, allem Leben und allen Wesen, die uns vorangegangen sind und auf deren Erfahrungsschatz
wir aufbauen dürfen! Die einzig wichtige Frage,
die sich daraus ergibt, kann eigentlich nur sein:
»Wie kann ich leben, um dieses Wunder unserer
Existenz auf diesem erstaunlichen Planeten Erde
zu würdigen und zu feiern, wie kann ich für dieses
Geschenk danken?«

Die Erlebnisse der Astronauten, die die Erde
von ihrem Raumschiff aus sahen, geben einen
Eindruck davon, was vielleicht eines Tages viele
Menschen erkennen werden.

Edgar Mitchell, ein amerikanischer Astronaut,
schrieb:

*Wo vorher intellektuelle Suche gewesen
war, regte sich plötzlich ein tiefes Gefühl in
mir, etwas sei ganz anders geworden. Es er-
wuchs aus dem Anblick der Sonne vor dem
samtig tiefschwarzen Kosmos, der nicht nur
ahnen läßt, sondern die Gewißheit vermittelt, daß im Strom von Energie, Zeit und
Raum im Weltall etwas Zweckvolles liegt,
daß dies menschliches Verstehen übersteigt
und daß sich dem Verstehen ein nichtratio-
naler Weg erschließt, der mir in meiner bis-*

herigen Erfahrungswelt unzugänglich geblieben war. Das Universu scheint mehr zu sein als die zufällige, chaotische und sinnlose Bewegung einer Ansammlung molekularer Partikel. Während der Heimkehr staunte ich über 400000 Kilometer hinweg die Sterne und den Planeten an, von dem ich gekommen war. Da spürte ich mit einem Male die Intelligenz, die Liebe und die Harmonie im Universum.[4]

Und der Astronaut James Irwin sagte beim Anblick der Erde:

Ein solcher Anblick muß einen Menschen einfach verändern, muß bewirken, daß er die göttliche Schöpfung und die Liebe Gottes dankbar anerkennt.[5]

Wenn wir Menschen heute begreifen könnten, daß die Existenz auf diesem Planeten und dieses Bewußtsein, das wir alle haben, wahrscheinlich der größte Schatz und das umwälzendste Ereignis in diesem ganzen Universum sind, dann könnte dies einer wahrhaft kopernikanischen Wende in unserem Leben gleichkommen, einer Revolution, die zu einer tiefgreifenden Veränderung in der Einstellung zu diesem Leben und seinen Aufgaben führen würde. Dann würden wir das Leben nicht mehr wie im Schlaf oder Traum verbringen wollen. Wir würden aufwachen, um uns mit all unserer Begeisterungsfähigkeit, Kraft und Ekstase in dieses unglaubliche kosmische Abenteuer zu stürzen.

All der Unsinn würde sofort aufhören, mit dem wir uns ständig gegenseitig das Leben schwer machen, uns verletzen und quälen. Wir würden stattdessen anfangen, uns unseres Körpers mit seinen vielen Fähigkeiten, unseres Bewußtseins, unserer Beziehungen zu Mitmenschen und Mitlebewesen und der ganzen Umwelt zu erfreuen und dankbar mit ihnen in Kooperation leben. Immer mehr würden wir lernen wollen, das Leben zu feiern in allem, was wir tun. Wir würden nicht eher ruhen, als bis wir die Erde zu dem Paradies gemacht hätten, das sie zu sein vermag.

Aber die von Hoyle prophezeite Umwälzung im Bewußtsein der Menschen geht natürlich nicht von heute auf morgen. Kriege, Umweltkatastrophen, Hungersnöte und drohende Überbevölkerung zwingen einen Großteil unserer Aufmerksamkeit und unserer Energien auf die unmittelba-

ren Erfordernisse des Überlebens. Sie ermögli-
chen es den meisten Menschen gar nicht, den archimedischen Standpunkt außerhalb einzuneh-
men und sich von dem Blick auf die Erde anrüh-
ren und verwandeln zu lassen. Dennoch ist das
neue Bewußtsein überall spürbar und wird sich
auch nicht aufhalten lassen, weil in ihm die tiefe
Sehnsucht des Universums und unserer Seele
nach Selbstoffenbarung zum Ausdruck drängt.

Seit über 200 Jahren wird zunehmend bedau-
ert, daß der moderne Mensch keine tragenden
Werte, keine Visionen, keine Symbole mehr habe,
die seinem Leben einen Sinn und ein Ziel geben
könnten. Jetzt scheint wieder ein neues heilendes
und orientierungsstiftendes Symbol im Bewußtsein der Menschen aufzutauchen, das von vielen
Kulturen, von alten wie von jungen Menschen
gleichermaßen leidenschaftlich aufgenommen
wird.

**Dieses neue Sinn-Symbol ist die Erde in ihrer
Einheit und Ganzheit als lebendiger Organismus.**

Wir leben einerseits in einem schrecklich bedroh-
lichen und zerstörerischen Jahrhundert und

gleichzeitig in einer aufregenden, phantastischen
Zeit, in der wir Zeuge des Erwachens eines neuen
planetaren und kosmischen Bewußtseins sind.
Wir können uns glücklich schätzen, zu der Gene-
ration zu gehören, die das erleben darf. Dank der
Fortschritte der verschiedenen Wissenschaften
und ihrer beginnenden globalen Zusammenar-
beit, dank der Weltraumforschung und dank der
Medien und ihrer zunehmenden Vernetzung – die
alle natürlich ihre großen Schattenseiten haben,
wie wir zur Genüge wissen – entsteht erstmals auf
breiter Ebene, in breiteren Bevölkerungsschichten
allmählich ein Bewußtsein dafür – offenbar gerade auch als not-wendige Folge der planetaren Be-
drohung – daß wir *ein* Kosmos, *eine* Welt und *ein*
Organismus sind. Was in früheren Zeiten nur ei-
nigen wenigen begabten Menschen in mystischen
Erfahrungen offenbar wurde – ein kosmisches Bewußtsein – wird nun, wenn auch in etwas anderer
Art – allen Menschen, die es sehen und hören
wollen, zugänglich.

Die eine Welt: wie oben, so unten

*D*ie Einsicht, daß wir Menschen zusammen mit den anderen Lebewesen, der Natur, der Erde, dem Universum und dem, was in uns pulsiert und lebt, eine unauflösliche Einheit bilden, ist uralt. Es ist der zentrale Gedanke überhaupt, der sich wie ein roter Faden durch alle religiösen und philosophischen Systeme und Überlieferungen zieht.

> *Es ist wahr, ohne Lüge und ganz gewiß:*
> *was unten ist, ist wie das, was oben ist,*
> *und das, was oben ist,*
> *ist wie das, was unten ist,*
> *um die Wunder des Einen zu offenbaren.*[6]

Diese Worte sind die ersten Zeilen der Tabula Smaragdina, der »smaragdenen Tafel«, einem sehr alten symbolischen Text. Seine genaue Herkunft ist unbekannt. Nach einer Legende wurde er in der Cheops-Pyramide aufgefunden. Der sagenumwobene Ahnvater der geheimen Wissenschaften, Hermes Trismegistos – Hermes, der Dreimal Größte – habe auf ihr das ganze Wissen der Menschheit in symbolischer, verdichteter

Form der Nachwelt hinterlassen. Sie soll die
Quintessenz der Lebensweisheit darstellen und
gleichzeitig eine Beschreibung dessen sein, wie der
magische und wunderwirkende »Stein der Weisen« gefunden werden kann.

Der »Stein der Weisen« symbolisiert die Verwirk-
lichung unseres wahren Wesens und wahren
Menschseins. Der Stein der Weisen, das große
Wunder, auf das wir immer gehofft haben und das
wir so verzweifelt außen gesucht haben, aber außen niemals fanden, kann nur in der eigenen Seele
entdeckt werden.

> *Mensch, geh' nur in dich selbst,*
> *denn nach dem Stein der Weisen*
> *Darf man nicht allererst in fremde*
> *Lande reisen.*
>
> *Angelus Silesius*[7]

Der Stein der Weisen sind wir selbst – oder besser:
ist die Erfahrung und Entfaltung unseres wahren
ganzheitlichen Wesens und die Erkenntnis, daß
wir im Innersten eins mit der Erde und dem Universum sind.

„Wie oben, so unten«, dieser Grundgedanke der Weisheitslehren aller Völker und Zeiten, erinnert uns: Wir leben nur in und durch die Beziehung und Wechselwirkung mit allem anderen. Alles, was existiert, ist in bestimmter Weise miteinander verbunden. Die gleichen Gesetze und Vorgänge, die bei der Erschaffung des Universums wirksam waren und die Dynamik des Universums auch heute noch aufrechterhalten, sind auch in uns wirksam und bestimmen unser Erleben und Verhalten.

Das aller Existenz zugrundeliegende Prinzip stellt eine umfassende, alle Polaritäten – zum Beispiel oben und unten, innen und außen, Makrokosmos und Mikrokosmos, Weiblich und Männlich, Körper und Seele – verbindende Einheit dar. Aus dieser Einheit, dem »Einen« des Anfangs und des Ursprungs, treten alle Wunder der Existenz hervor, gestalten sich in ihr und lösen sich wieder in ihr auf.

Diese alten mystischen Vorstellungen finden sich auch bei modernen Physikern:

Am unglaublichsten ist die Erkenntnis, daß alles, was es im Universum gibt, von einem gemeinsamen Ursprung herkommt. Die Materie deines Körpers und die Materie meines

Körpers sind innigst miteinander verwandt, weil sie aus einem einzigen Energiegeschehen hervorgegangen sind und noch immer in ihm zusammenhängen. Unsere Ahnenreihe reicht über die verschiedenen Lebensformen zurück bis zu den Sternen, zurück bis zu den Anfängen des urzeitlichen Feuerballs. Dieses Universum ist eine einzige, vielgestaltige, energiegeladene Entfaltung von Materie, Bewußtsein, Intelligenz und Leben.

Brian Swimme[8]

Wie innen, so außen

*I*n der religiösen oder mystischen Erfahrung dieser Einheitswirklichkeit wird dabei das Wesentliche des Menschen, sein »wahres inneres Selbst« als identisch erlebt mit dieser tragenden und schöpferischen Essenz des Universums. »Alles ist eins, eins ist alles« oder »Tat tvam asi« – »Das bist Du« heißt es in der indischen Philosophie. Der christliche Mystiker Jakob Böhme schreibt:

> *Denn der Mensch ist eine kleine Welt aus der großen und hat der großen Welt Eigenschaft in sich. Also hat er auch der Erden und Steine Eigenschaft in sich.*[9]

Heute wissen wir, daß solche Aussagen von der Einheit und inneren Verbundenheit alles Existierenden nicht nur in einem religiösen, mystischen, psychologischen oder symbolischen Sinne, sondern auch in einem ganz konkreten Sinne wahr sind.

Unser inneres Selbst und das äußere Universum sind zwei Aspekte des gleichen Prozesses, sie sind beide in einem unendlich langen und mühsamen

Vorgang aus einem gemeinsamen Ursprung her-
vorgetreten. In uns sind noch immer die Energien,
Elementarteilchen und Atome wirksam, die sich
bereits beim Ur-Knall vor 15 Milliarden Jahren
ins Universum ergossen haben, die sich dann ständig modifiziert, differenziert und transformiert
haben, bis daraus Materie, Leben und Bewußtsein
entstehen konnten. Diese Energien und Teilchen
mit den ihnen innewohnenden Eigenarten, Ge-
setzmäßigkeiten und Möglichkeiten sind auch unsere existentielle Basis. In diesen energetischen
Teilchen des Anfangs, die im ersten Schöpfungs-
akt entstanden sind, muß bereits alles an Ent-
wicklungspotential latent vorhanden gewesen
sein, was heute existiert: die Sterne, die Erde, die
Lebewesen, das Bewußtsein. Und diese Teilchen
sind auch heute noch in uns wirksam. Wir sind
voll von vorwärtstreibender, aktiver, explosiver
Energie, wir sind aber auch träge und um uns her-
um kreisend, wir ziehen uns an und fühlen uns
angezogen, wir stoßen uns ab und fühlen uns ab-
gestoßen, in uns ist Leere und Fülle. Alles, was
wir in uns tragen, verdanken wir der Energie, die
sich in der kosmischen Ur-Explosion offenbarte.

Wir leben von und in dieser Energie, wie wir
von der Erde, dem Feuer und dem Licht unserer

Sonne, dem Wasser und der Luft leben, die wiederum auch aus dieser Energie hervorgekommen sind. Alles, was wir sind, stammt aus diesen »Elementen«, die das Universum für uns auf unserem blauen Planeten in einzigartiger Kombination zur Verfügung gestellt hat.

Feuer, Wasser, Luft und Erde

Die Sonne ist sein Vater,
der Mond seine Mutter.
Der Wind hat es in seinem Bauch getragen.
Die Erde ist seine Amme.

Tabula Smaragdina[10]

Die Menschen des Altertums, die das Feuer und
das Wasser – diese wurden oft auch durch Sonne
und Mond symbolisiert – die Luft und die Erde
als die Grundlage ihrer Existenz ansahen, und die
Alchimisten des Mittelalters, die sich vorstellten,
der geheimnisvolle Stein der Weisen sei die Quintessenz dieser vier Elemente, hatten in gewisser
Weise sehr recht: Wir sind tatsächlich und konkret eine Mischung aus diesen vier Elementen,
unsere Lebendigkeit und unser Bewußtsein sind
deren Quintessenz.

Wir moderne Menschen wollen oft verleugnen,
daß wir, die Elemente, die Sterne und das Universum, ein zusammengehörender Organismus sind.
Wir wollen nicht wahrhaben, daß die Beschaffenheit der Elemente Feuer, Wasser, Luft und Erde,

ihre Reinheit und Gesundheit, auch etwas mit uns und unserer Gesundheit zu tun haben. Wir möchten uns unabhängig davon empfinden. Mit diesem Stolz der vermeintlichen Unabhängigkeit verlieren wir aber das beglückende Gefühl der Einheit und der liebenden Verbundenheit mit der ganzen Existenz, wir verlieren unsere Orientierung, unseren Sinn und unser Ziel.

So notwendig es einmal gewesen sein mag, daß der Mensch aus diesem Einheitsbewußtsein mit der Erde und dem Universum herausfiel, um Bewußtsein zu entwickeln und zum Individuum zu werden, so notwendig ist es für uns heute, uns dieser Einheit wieder bewußt zu werden. Denn, auch wenn wir es verleugnen oder nicht sehen wollen, wir sind Geschöpfe des Sonnen-Feuers, des Wassers, der Luft und der Erde. Und dies ist heute noch so wahr, wie es zu Anbeginn des Lebens auf der Erde wahr war.

Die Sonnenenergie

Wenn du in voller Schönheit am Horizont
des Himmels aufsteigst, o lebendige Scheibe,
dann beginnt das Leben.
Dann erscheint dein Licht am Horizont
im Osten,
mit deiner Schönheit erfüllst du
die ganze Erde.
Wenn du Anmut und Kraft erwirbst
und wie ein Bach dein Licht verbreitest,
ganz oben, über der Erde,
dann umfassen deine Strahlen jedes Gebiet
und erfüllen alles,
was du zu erfüllen verstehst
...
Die Herden legen sich
auf ihren Weiden nieder,
die Bäume und die Kräuter grünen,
die Vögel fliegen aus ihren Nestern, breiten
ihre Flügel aus zum Zeichen der Anbetung
deiner sichtbaren Erscheinung,
jedes Tier erhebt sich auf seinen Beinen,
jeder Vogel nimmt seinen Flug auf.
Sie sind voll Leben,
weil du ihnen ihr Licht spendest

Allen Feldern geben deine Strahlen
Nahrung,
du glänzst, und sie leben für dich,
denn du hast die Jahreszeiten geschaffen,
um allem, das da existiert,
Leben zu verleihen.
Deine Nahrung verleiht Stärke,
kaum berührt sie die Hitze.
Du hast den Himmel erschaffen
und läufst am Firmament
in deinem Glanze deine Bahn,
du bewirkst, daß man alles sieht,
was du erschaffen hast,
denn du bist der Einzige,
glänzend in allen Formen
wie eine lebendige Sonnenscheibe ...
Du bist mein Herz ...

Aus der Sonnenhymne des Echnaton[11]

Seit Urzeiten haben die Menschen empfunden
und gewußt, daß ihr Leben von der Sonne ab-
hängt und daß die in ihnen pulsierende Lebenskraft von der Sonne kommt. Die Sonnen-Energie
ist ja auch in unserer modernen Welt wieder zu
einem großen Symbol des Lebens und der Hoff-

nung geworden. Wenn uns häufig auch nicht mehr bewußt ist, daß wir wirklich Geschöpfe der Sonne sind, so spüren wir doch noch einen Abglanz davon, wenn wir die Wirkung der Sonne auf unser tägliches Wohlbefinden wahrnehmen. Wir erleben die verschiedenen Tageszeiten und Jahreszeiten, die durch den Sonnenlauf bestimmt werden, und die verschiedenen Wetterlagen, und wir beobachten auch, daß sie in uns verschiedene Stimmungen und Befindlichkeiten auslösen.

Sonne ist Feuer, Energie, Lebenskraft, Vitalität. In jedem Augenblick geschieht in unserem Körper, unseren Zellen und Organen ein unglaublicher Verwandlungsvorgang, in dem die in unserer Nahrung gespeicherte Sonnenenergie durch ein Zusammenspielen von Erde, Wasser und Luft in Lebensenergie transformiert wird, welche Wärme, Bewegung und Bewußtheit schafft. Wir leben in und durch das Feuer der Sonne, wir sind buchstäblich und konkret Sonne, auch im seelischen und gefühlsmäßigen Bereich.

Jeder von uns kennt die Befreiung, wenn uns die hellen Strahlen der Sonne am Morgen von den Sorgen und Qualen einer schweren Nacht oder einer seelischen Dunkelheit erlösen; jeder kennt den inneren Jubel, wenn nach einer Reihe von verhangenen, dunklen Tagen das erste Sonnenlicht wieder durch die Wolken bricht. Jeder spürt das beglückende Gefühl der milden Frühlingssonne auf seiner Haut, empfindet die brütende, schwüle, belastende Hitze des Hochsommers und die sanfte, melancholische Abschiedsstimmung eines goldenen Herbsttages.

Das Licht der Sonne schenkt unserem Körper und unserer Seele Feurigkeit, Wärme, Lebendigkeit, Intensität, Emotionalität, Lust, Leidenschaft, Freude, Güte, Liebe, aber auch Einsicht, Übersicht, Klarheit und Freiheit.

Aufgrund dieser umfassenden Bedeutung der Sonne für uns wird verständlich, daß sie durch alle Kulturen hindurch mit den höchsten Werten und den wesentlichsten Erfahrungen, zu denen der Mensch fähig ist, verbunden wurde. Die Sonne wurde erlebt als göttliche Urkraft, als göttliches Urlicht, das in allem Existierenden lebt und wirkt. Sie wurde zum Sinnbild befreiender Erkenntnis aus der Dunkelheit des Unwissens und damit zum Symbol des Bewußtseins wie auch der höchsten Bewußtseinserfahrung überhaupt, der Erleuchtung, in der der Mensch sich seines wahren, göttlichen, sonnenhaften Wesens als Licht, Leben und Liebe bewußt wird.

Und diese Erleuchtung zu gewinnen, ist nicht schwer, wenn wir es uns nur gestatten, die tiefste Sehnsucht unserer Seele zu fühlen und ihr Raum zu geben: der Sehnsucht nach Leben, Liebe und – wahrscheinlich zuallertiefst – Licht.

Wir sind zuallertiefst Licht-Sucher. Alles in uns strebt zum Licht, sucht das Licht, möchte im Licht sichtbar und offenbar werden. Und wenn wir nur weiter fragen, was sich denn da zeigen und offenbaren will, was denn da so vehement ans Licht drängt, dann entdecken wir, daß es unsere tiefste Wahrheit und Wirklichkeit ist, die zum Ausdruck kommen will: die Schöpfung, die Gottheit, das Leben selber.

Unsere Seele scheint tief in ihrem Inneren die Erinnerung an ihren Ursprung aus der Ur-Energie, dem Ur-Feuer und an ihren jahrmillionenlangen, leidvoll-ekstatischen evolutionären Weg bewahrt zu haben. Das zeigt sich in vielen großen Visionen, Träumen und religiösen Offenbarungen der Menschheit.

Der Schriftsteller J.B. Priestley berichtet von einem »weisen« Traum, den er im Alter von 42 Jahren hatte und von dem er sagte: »...ich glaube, er machte auf mich einen tieferen Eindruck als jedes frühere Erlebnis, im Wachen oder Träumen, und sagte mir mehr über dieses Leben als je ein Buch...« Der Traum geht folgendermaßen:

Ich träumte, ich stand auf der Spitze eines sehr hohen Turmes, allein, und blickte auf Tausende von Vögeln hinab, die alle in einer Richtung flogen; jede Art Vogel war vertreten, alle Vögel der Welt. Es war ein stolzer Anblick, dieser weite himmlische Vogel-Fluß. Aber dann wurde auf mysteriöse Weise geschaltet, das Tempo wurde schneller, so daß ich Generationen von Vögeln sah, beobachtete, wie sie aus dem Ei krochen, flügge wurden, sich paarten, schwächer wurden, abnahmen und starben. Flügel wuchsen, nur um zu zerbrechen; Körper waren schlank und dann, mit ei-nem Schlage, verbluteten sie und verschrumpelten; und der Tod schlug zu, überall, jeden Augenblick. Wozu der ganze blinde Kampf ins Leben hinein, das eifrige Erproben der Flügel, das eilige Paaren, das Fliegen und Aufschwingen, die ganze gigantische, sinnlose biologische Anstrengung? Als ich hinunterstarrte, anscheinend die unwürdige Geschichte jeder Kreatur fast mit einem Blick erfassend, blutete mir das

Herz. Es wäre besser, wenn kein einziges von ihnen allen, wenn kein einziger von uns allen geboren wäre, wenn der Kampf für immer aufhörte. Ich stand auf meinem Turm, verzweifelt unglücklich, immer noch allein.

Aber dann wurde wieder geschaltet, die Zeit lief noch schneller ab, sie stürzte so schnell, daß die Vögel keinerlei Bewegung mehr zeigen konnten, sondern wie eine ungeheuere, mit Federn besäte Ebene aussahen. Aber durch diese Ebene, aufleuchtend durch die Körper selbst, lief jetzt eine Art weißer Flamme, zitternd, tanzend, dann vorwärtsstürmend; und sobald ich sie sah, wußte ich, daß diese weiße Flamme das Leben selbst war, die reine Quintessenz des Lebens; und es ging mir auf, in einer raketenartigen Ekstase, daß es auf nichts ankam, daß es nie auf irgendetwas ankommen könnte, weil nichts wirklich war außer diesem vibrierenden, eilenden Glanze des Daseins. Vögel, Menschen und Geschöpfe, noch ungeformt und ungefärbt, sie alle hatten Bedeutung nur soweit diese Lebensflamme durch sie zog. Keine Trauer blieb zurück; was ich für Tragik gehalten hatte, war nur

*Leere und Schattenspiel; denn jetzt war alles
wirkliche Gefühl beschlossen und verklärt
in der weißen Flamme des Lebens und tanz-
te in Ekstase mit ihr.*

Und Priestley fährt fort:

*Ich habe nie zuvor ein so tiefes Glücksgefühl
empfunden wie am Ende des Traumes vom
Turme und den Vögeln, und wenn ich dieses
Glücksgefühl in mir nicht bewahrt habe, als
innere Atmosphäre und Zuflucht für das
Herz, so ist es deshalb, weil ich ein schwacher
und närrischer Mensch bin, der die verrückte
Welt einläßt, die zertrampelt und jeden grünen Weisheitsschößling zerstört. Trotzdem
bin ich seither nicht mehr ganz derselbe
Mensch. Ein Traum war schließlich der Fülle
der Geschäfte überlegen.*[12]

Dies scheint die tiefste, wichtigste und beglük-
kendste Erfahrung zu sein, zu der wir Menschen
fähig sind: zu erkennen, daß wir Anteil haben am
Schöpfungsprozeß, daß in uns ein kosmisches,
göttliches Licht lebendig ist, das die Ursache, die
Dynamik und das Ziel unserer Existenz ist, daß

wir in diesem Licht mit allem Existierenden verbunden sind und daß dieses Licht, das wir sind,
nach Erweiterung, Erfüllung, Bewußtwerdung
und Ekstase drängt, wenn wir ihm nur Raum in
uns lassen.

Das Wasser des Lebens

Kein lebender Organismus könnte sich bilden, wachsen und fortpflanzen, keine Lebenstätigkeit sich vollziehen, kein Gedanke gedacht werden, wenn er nicht getragen, genährt und gereinigt würde vom Wasser. Nicht nur, daß alles Leben in der Feuchtigkeit entsteht und aus dem Wasser hervorkommt, wie wir sowohl aus der evolutionären Schöpfungsgeschichte als auch aus unserer eigenen vorgeburtlichen Existenz im Mutterleib wissen, sondern unser Körper besteht auch zu zwei Dritteln ganz real aus Wasser und ist auf das Wasser als seinem Lebenselement dauernd angewiesen. Auch die chemische Zusammensetzung unserer Blutflüssigkeit ist der des Meerwassers ähnlich.

Wie ist es nur möglich zu glauben, daß das Wasser, aus dem wir bestehen, das wir mit jedem Schluck und jedem Bissen aufnehmen, daß die Feuchtigkeit, die wir einatmen und die unsere Haut benetzt, unabhängig sein könnte von der Beschaffenheit des Wassers, das außerhalb von uns in den Flüssen, Seen, Meeren und Wolken existiert? Wie können wir nur glauben, daß die Verschmutzung und Vergiftung unserer Flüsse, Seen

und Meere nicht auch die Vergiftung und Verun-
reinigung unseres Lebenswassers ist?

*Wasser, du hast weder Geschmack noch
Farbe noch Aroma. Man kann dich nicht be-
schreiben. Man schmeckt dich, ohne dich zu
kennen. Es ist nicht so, daß man dich zum
Leben braucht: du selbst bist das Leben! Du
durchdringst uns als Labsal, dessen Köst-
lichkeit keiner unserer Sinne auszudrücken
fähig ist. Durch dich kehren uns alle Kräfte
zurück, die wir schon verloren gaben. Dank
deiner Segnung fließen in uns wieder alle
bereits versiegten Quellen der Seele. Du bist
der köstlichste Besitz dieser Erde. Du bist
auch der empfindsamste, der rein dem Leib
der Erde entquillt. ... Du nimmst nicht jede
Mischung an, duldest nicht jede Veränderung. Du bist eine leicht gekränkte Gottheit!
Aber du schenkst uns ein unbeschreiblich
einfaches und großes Glück.*

Antoine de Saint-Exupéry[13]

Weil das Wasser seit Urzeiten eines unserer tragenden Lebenselemente ist, werden auch viele see-

lische Vorgänge mit dem Wasser symbolisiert. In
vielen Märchen muß das Wasser des Lebens gefunden werden, wenn man krank und schwach
geworden ist. Im Taoismus wird der »Lauf des
Wassers« als Gleichnis für eine Haltung verwen-
det, die es uns ermöglicht, unserer seelischen Dynamik und Energie mühelos zu folgen, damit unser Leben in Fluß kommt oder bleibt und wir uns
wirklich lebendig fühlen können.

Wie wichtig dieses Gefühl des Lebendigseins
ist, schreibt Marie-Louise von Franz, kann man
sich am besten vergegenwärtigen, wenn man einen Menschen beobachtet, der im Außen alles be-
sitzt, was er sich wünscht, oder in der Lage ist, alles zu erreichen.

*Wenn er jedoch nicht mit dem Fluß des in-
neren Lebens übereinstimmt, was nützt ihm
das alles? Gewöhnlich projizieren die Menschen den Fluß des Lebens in äußere Objek-
te und denken, wenn sie eine andere Frau
hätten oder mehr Geld oder ähnliches, dann
wäre alles in Ordnung. Das ist pure Projektion, wie man feststellen kann, wenn jemand all das hat, denn dann erkennt man,
daß es das nicht ist. Was der Mensch wirk-*

lich sucht, auch in der Projektion auf äußere Dinge, ist das Gefühl, lebendig zu sein. Es ist das Höchste, was man erreichen kann, zumindest in diesem Leben, und darum wurde es immer wieder zum Gleichnis für jede Art religiöser mystischer Erfahrung, weil diese am ehesten ein solches Gefühl vermittelt.

Mittelalterliche Mystiker zum Beispiel pflegten zu sagen, daß die innere Gotteserfahrung der »Brunnen des Lebens« sei, und die Zen-Buddhisten sagen, die Erfahrung der Erleuchtung gleiche einem Trunk kühlen Wassers nach dem Durst in der Wüste.[14]

Der Lebensatem

*V*on keinem anderen Lebenselement spürt der Mensch seine Abhängigkeit so unmittelbar und stark wie von der Luft. Während wir einige Zeit leben können, ohne etwas von unserem inneren Feuer, unserer inneren Wärme und dem ständigen Fluß unseres Wassers zu spüren, so können wir es doch kaum ertragen, wenn uns nur für wenige Sekunden etwas von unserem Atem genommen wird. Das Atmen ist uns gleichbedeutend mit Leben. Wir beginnen unser Erdenleben mit dem ersten Atemzug, dem ersten Lebensschrei und beenden es, indem wir es aushauchen.

In der biblischen Schöpfungsgeschichte in Genesis 2 heißt es:

... da bildete Gott der Herr den Menschen aus Erde vom Ackerboden und hauchte ihm Lebensodem in die Nase; so ward der Mensch ein lebendes Wesen.[15]

Und so vieles, was unser Lebendig-Sein ausmacht, wird ganz elementar im Atmen erfahren. Im Atmen erleben wir unmittelbar das beständige Ein und Aus des Lebens, den Wechsel der Polaritäten von Leben und Tod, Aktivität und Passivität, Spannung und Entspannung, Weite und Enge, Ekstase und Depression, wir spüren unmittelbar unsere innige Verbundenheit und Abhängigkeit von unserer Umwelt. Im Atmen sind wir offen, aufnehmend wie auch gebend, verströmend, uns selbst veräußernd. Im Rhythmus des Atmens, seiner Schnelligkeit und Tiefe drückt sich unser augenblickliches Lebensgefühl aus.

Wenn wir Angst haben und uns bedroht fühlen, sei es vor einer äußeren Gefahr, sei es durch eine seelische Verletzung, dann geht der Atem schnell, gleichzeitig fühlen wir uns eng, eingeschnürt und haben das Gefühl, nicht genügend Luft zu bekommen. Es kommt uns dann so vor, als sei die Atmosphäre, in der wir uns befinden, beklemmend, bedrückend, geladen, als sei »dicke Luft«, so daß es uns »den Atem verschlägt« oder wir nicht zu atmen wagen.

Wenn wir uns gut fühlen, frei und freudig gestimmt, dann atmen wir tief und leicht. Wir sind über die Atmung in einem intensiven und offenen Austausch mit unserer Umwelt, nehmen sie gerne in uns auf und geben gerne an sie ab. Je offener, direkter und ungehemmter wir uns auf diese Weise austauschen, desto ganzheitlicher fühlen wir uns mit dem Leben verbunden. Das Element Luft vermag uns dann unseren wahren ekstatischen und göttlichen Charakter zu enthüllen.

Gefühle der Freude und der Ekstase sind stark mit der Atmung und einer Aufwärtsbewegung in die Luft verbunden. Wir möchten am liebsten in die Luft springen, wir möchten tanzen, uns schnell bewegen, wir möchten lauthals singen und jubeln, wir möchten uns und unseren Körper von der Erdenschwere befreien und dem freien Raum anvertrauen. Wir fühlen uns wie Vögel frei von den Fesseln der Materie und der Schwere, frei von bedrückenden Sorgen. Wir spüren dann den Wind, der weht, wohin er will, den schöpferischen Geist, der uns inspiriert, »begeistert« und »beflügelt«.

Leider lassen wir diesen großen göttlichen Atem in unserem Alltagsleben wenig zu. Wir atmen flach, eingeschränkt, kurz. Alles wollen wir sicher machen, alles ängstlich unter unserer Kontrolle halten. Was könnte alles passieren, wenn wir unseren aufsteigenden Gefühlen, Phantasien, Wünschen und Visionen freien Lauf und freien Flug ließen? Was denken die anderen? Halten sie uns für verrückt, unrealistisch, verträumt, abge-

hoben? Glauben sie, daß wir einen Vogel haben?
Auch fürchten wir: »Wer hoch fliegt, fällt tief.«

Natürlich – es gibt die Gefahren des Luftigen,
wir können uns wirklich in Größenphantasien
versteigen, in Luftschlössern verlieren. Aber diese
Angst haben wir nur, weil wir nicht wissen, daß
wir auch Geschöpfe der Luft und des Windes
sind, und weil wir nicht wissen, daß man diesem
leichten, freien und beweglichen Element auch
vertrauen lernen kann, daß man lernen kann zu
fliegen und auch wieder sicher zu landen.

Nicht ohne Grund waren viele der großen Leh-
rer der Menschheit der Überzeugung, daß es mit
Hilfe des Atems möglich ist, in eine innige Berührung mit dem wahren Selbst und dem göttlichen
Lebensatem in uns zu kommen. Wer sich immer
tiefer entspannend in seinen Atem hineinläßt, immer mehr dort hineinatmet, wo ihm die Angst den
Atem stocken läßt, der kommt in Berührung mit
der ängstlich vermiedenen Ganzheit des Lebens,
der erfährt, daß das, was in ihm atmet, was ein-
strömen und ausströmen, was sich erfüllen und
entleeren, was sich weiten und zusammenziehen
will, der Atem der Schöpfung selbst ist.

Mutter Erde

*D*as Sonnenfeuer in uns könnte nicht brennen, das Lebenswasser in uns könnte nicht fließen, der göttliche Atem könnte nicht ein- und ausströmen, wenn es nicht eine Gestalt, einen Organismus gäbe, der allem seinen Raum und seine Form gibt. Diese Gestalt bekommen wir von der Erde. Wir sind Geschöpfe der Erde. Wir sind in allem mit dem großen lebenden Organismus Erde verbunden wie ein Säugling mit seiner Mutter. Alle Bausteine unseres Körpers verdanken wir ihrer freigiebigen, verschwenderischen Fülle. Das Bewußtsein unserer Verbundenheit mit dem Organismus Erde scheint glücklicherweise in der Menschheit zu wachsen. Über den leidvollen Umweg der Umweltverschmutzung, der Klimakatastrophe und der Bevölkerungsexplosion müssen wir mühsam lernen, was frühere Kulturen bereits wußten: Die Erde ist ein großer lebender Organismus, sie ist unsere Mutter und wir sind ihre Kinder. In der berühmten Rede des Häuptlings Seattle, die er an den Präsidenten der Vereinigten Staaten von Amerika im Jahre 1855 gerichtet haben soll, lesen wir folgende bewegende und prophetische Worte:

Wir sind ein Teil der Erde, und sie ist ein Teil von uns.

Die duftenden Blumen sind unsere Schwestern, die Rehe, das Pferd, der große Adler – sind unsere Brüder. Die felsigen Höhen, die saftigen Wiesen, die Körperwärme der Ponys – und des Menschen – sie alle gehören zur gleichen Familie.

Wir wissen, daß der weiße Mann unsere Art nicht versteht. Ein Teil des Landes ist ihm gleich jedem anderen, denn er ist ein Fremder, der kommt in der Nacht und nimmt von der Erde, was immer er braucht. Die Erde ist sein Bruder nicht, sondern sein Feind, und wenn er sie erobert hat, schreitet er weiter. ...

Er behandelt seine Mutter, die Erde, und seinen Bruder, den Himmel, wie Dinge zum Kaufen und Plündern, zum Verkaufen wie Schafe oder glänzende Perlen. Sein Hunger wird die Erde verschlingen und nichts zurücklassen als eine Wüste ...

Der Indianer mag das sanfte Geräusch des Windes, der über die Teichfläche streicht – und den Geruch des Windes, gereinigt vom Mittagsregen oder schwer vom Duft der Kiefern. Die Luft ist kostbar für den roten

Mann – denn alle Dinge teilen denselben
Atem – das Tier, der Baum, der Mensch – sie
alle teilen denselben Atem.

Der weiße Mann scheint die Luft, die er atmet, nicht zu bemerken; wie ein Mann, der
seit vielen Tagen stirbt, ist er abgestumpft
gegen den Gestank. Lehrt Eure Kinder, was
wir unsere Kinder lehren:

Die Erde ist unsere Mutter. Was die Erde befällt, befällt auch die Söhne der Erde. Wenn
Menschen auf die Erde spucken, bespeien sie
sich selbst. Denn das wissen wir, die Erde
gehört nicht zu den Menschen, der Mensch
gehört zur Erde – das wissen wir. Alles ist
miteinander verbunden, wie das Blut, das
eine Familie vereint. Alles ist verbunden.
Was die Erde befällt, befällt auch die Söhne
der Erde. Der Mensch schuf nicht das Gewebe des Lebens, er ist darin nur eine Faser.
Was immer Ihr dem Gewebe antut, das tut
Ihr Euch selber an.[16]

Die Heiligkeit des Körpers

Und wenn es schon ein großes Wunder ist, daß das Universum überhaupt die Elemente Feuer, Wasser, Luft und Erde hervorgebracht hat, so ist es ein noch größeres Wunder, daß es einen Organismus schuf, in dem alle diese Elemente in harmonischer und intelligenter Weise zusammenwirken: unseren Körper.

Viele von uns können heute nur noch schwer nachvollziehen, wie es nachdenklichen und intelligenten Menschen früherer Zeiten möglich gewesen sein konnte, den Körper herabzuwürdigen, ihn als einen Klumpen bloßer, dummer, triebhafter Materie anzusehen, den man möglichst abzutöten, zu quälen und zu unterdrücken hatte. Wenn man aber genauer hinschaut, dann findet man auch heute noch viele Spuren der alten Körperfeindlichkeit, besonders überall da, wo der Körper und seine Bedürfnisse als nieder und primitiv angesehen werden, oder wo der Körper als Objekt des Ehrgeizes und als Maschine bis ins letzte ausgebeutet wird, wie zum Beispiel im Sport oder in den übertriebenen Fitneß-Phantasien des erfolgreichen Menschen von heute.

Es vergeht kein Tag, an dem die moderne Wissenschaft nicht neue Erkenntnisse über den wunderbaren Aufbau und die Funktionen unseres Körpers entdeckt. Unser Staunen dürfte eigentlich kein Ende nehmen und trotzdem hört man in der Sprache der Wissenschaft und in unseren Schulbüchern kaum etwas davon. Der Körper wird in seine Einzelteile zerlegt, seine Funktionen werden säuberlich voneinander getrennt und analysiert, mit einer nüchternen, trockenen Sprache beschrieben, und in unanschauliche Formeln übersetzt. So entsteht der Eindruck, man habe es mit einem Stück toter Materie oder einem technischen Gerät zu tun. Nichts Erstaunliches, nichts Wunderbares, nichts Beunruhigendes, nichts zu Feierndes.

Novalis hat über die Heiligkeit des Leibes geschrieben:

Es gibt nur einen Tempel in der Welt, und das ist der menschliche Körper. Nichts ist heiliger als diese hohe Gestalt ... Man berührt den Himmel, wenn man einen Menschenleib betastet.[17]

Und schon viel früher sagte Paulus, daß der Leib der Tempel des Heiligen Geistes sei, deshalb sollen wir Gott mit unserem Leib verherrlichen.[18] Wie weit ist das Christentum, wie weit sind andere Religionen, wie weit sind wir modernen Menschen von diesen Aussagen noch entfernt!

Dabei könnte uns die biblische Aussage, nach der Gott den Menschen sich selbst zum Bilde geschaffen habe oder die christliche Botschaft von der Menschwerdung Gottes – die »Inkarnation«, was »Fleischwerdung« heißt – an diesen Gedanken der Göttlichkeit unseres Körpers erinnern und uns ermutigen, den Weg der Erlösung nicht als Überwindung und Abtötung des Körpers zu verstehen, sondern als Integration unserer körperlich-seelisch-sozial-planetarischen Einheit.

Die Seel ist ein Kristall, die Gottheit ist ihr Schein;
Der Leib, in dem du lebst, ist ihrer beider Schrein.

Angelus Silesius[19]

Haben wir uns je einmal Zeit genommen, uns bewußt zu machen, was es heißt, sich aufzurichten, auf zwei Beinen zu stehen und zu gehen, sich frei zu bewegen? Haben wir jemals gespürt, was das für die Entwicklung des Universums bedeutet haben mag, als ein Wesen begann, sich von vier Füßen auf zwei zu erheben und sich und seinen ganzen Körper dem Himmel entgegenzustrecken? Haben wir uns jemals Zeit gelassen nachzuspüren, welch euphorische Gefühle uns als Kind dabei durchfluteten? In einem Jahr haben wir gelernt, etwas zu tun, was die Menschheit in Jahrmillionen erworben hat. Haben wir je unseren Beinen gedankt für die vielen Jahre, in denen sie uns durch das Leben getragen haben, wohin wir wollten? Haben wir uns jemals Zeit gelassen, unsere Hände zu betrachten und darüber zu staunen, was sie alles vermögen, wie sie uns helfen, die Welt zu ertasten, zu erkunden, zu begreifen und aktiv zu gestalten? Ist uns jemals die ungeheure Freude wirklich bewußt geworden, die uns erfüllt, wenn wir mit unseren Händen etwas Neues schaffen, etwas gestalten, das aus unserem Denken oder unserer Phantasie durch unserer Hände Kunst Wirklichkeit wird? Haben wir jemals begriffen, daß sich hier in unserem kleinen persönlichen Bereich das große Wunder der Schöpfung widerspiegelt?

Das ließe sich mit jedem Körperteil, ja mit jeder Körperzelle fortsetzen: mit unseren Geschlechtsor-

ganen, mit dem Herzen, der Lunge, mit unseren
Sinnen, der Nase, den Ohren, den Augen. In jedem
von ihnen ist die ganze Weisheit des Universums
und die Erfahrung der uns vorangegangenen Menschen und Lebewesen gesammelt, jeder Teil spie-
gelt unsere lange, lange Geschichte und die vielen
Versuche, zu einer optimalen Lebenserfahrung zu
gelangen. In jedem Menschen lebt der große kosmische Urmensch, der »Anthropos«, der so alt ist
wie das Universum.

Der große Mensch in uns

*H*ildegard von Bingen berichtet von einer wunderbar poetischen Vision, in welcher sie eine »schöne menschliche Gestalt« erblickte, die sich mit folgenden Worten zu erkennen gab:

> *Ich bin das heimliche Feuer in allem,*
> *und alles duftet von mir,*
> *und wie der Odem im Menschen,*
> *Hauch der Lohe,*
> *so leben die Wesenheiten*
> *und werden nicht sterben,*
> *weil ich ihr Leben bin.*
> *Ich flamme als göttlich feuriges Leben*
> *über dem prangenden Feld der Ähren,*
> *ich leuchte im Schimmer der Glut,*
> *ich brenne in der Sonne, im Mond*
> *und in Sternen,*
> *im Windhauch ist heimliches Leben aus mir*
> *und hält beseelend alles zusammen.*[20]

Solche Bilder, Träume und Visionen, die in ähnlicher Weise auch von modernen Menschen in veränderten Bewußtseinszuständen erfahren werden

können, entstammen den Tiefen der menschlichen
Seele. Es scheint, als würde uns die Seele an die
Tatsache erinnern wollen, daß wir und unser Körper kosmische Wesen sind und daß wir teilhaben
an der gleichen Grandiosität und Energie, die
auch das Universum, die Erde und die Natur hervorgebracht haben.

In der Einleitungsgeschichte lernt Rabbi Isaak,
daß sich der wahre Reichtum schon immer in seinem eigenen Haus befunden hat, ohne daß er es
wußte. So ergeht es auch uns, wenn wir
entdecken, daß wir nicht nur der kleine, in seinen
Alltagssorgen verstrickte Mensch sind, sondern
in uns noch einen viel größeren Menschen, den
kosmischen Urmenschen tragen.

Wir selbst, unsere Seele und unser Körper erscheinen in einer ganz neuen Bedeutung. Wir erfahren, daß unser Bewußtsein, unsere Gedanken,
Gefühle, Phantasien, Wünsche und Bedürfnisse
nicht aus unserem Ich kommen, sondern daß es
die Gedanken, Gefühle, Phantasien, Wünsche
und Bedürfnisse des kosmischen Menschen, des
Anthropos in uns, sind. Wir erfahren, daß wir
göttliche Wesen sind, gezeugt und geboren aus
dem ganzen des Alls. Einer der großen Universali-
sten unseres Jahrhunderts fragt:

*Wie ist es möglich, daß ein Wesen mit sol-
chen feinen Juwelen wie den Augen, solch
zauberhaften Musikinstrumenten wie den
Ohren und einer so großartigen Arabeske
aus Nerven wie dem Gehirn sich selber als
irgend etwas Geringeres als einen Gott erleben kann? Wenn man dann noch berück-
sichtigt, daß dieser unendlich subtile Organismus von den noch zauberhafteren Gebil-
den und Mustern seiner Umgebung, von den
winzigsten elektrischen Phänomenen bis hin
zu all den Milchstraßen, nicht zu trennen ist
– wie soll man dann noch begreifen, daß
diese Inkarnation alles Ewigen sich vom
Sein angeödet fühlen kann?*

Alan Watts[21]

Der All-Tag im Alltag

Ein Zen-Meister schrieb einmal nach seiner Erleuchtung:

> *Welch außerordentliches Wunder:*
> *Ich hacke Holz!*
> *Ich schöpfe Wasser aus dem Brunnen.*[22]

Wenn wir uns dem Wunder des Lebens und unserer göttlichen Natur öffnen, ändern sich unsere
Lebenswerte. Wir wollen nichts anderes mehr, als
in Freiheit und Liebe unser geheimnisvolles Dasein auf dieser Erde feiern und uns ihm als würdig
erweisen. Wir sind dann von Staunen, tiefer
Dankbarkeit und Freude erfüllt:
Staunen darüber, daß alles so ist, wie es ist; Dankbarkeit und Freude darüber, an diesem ganzen
Schöpfungsprozeß teilnehmen zu dürfen, selbst,
wenn es nur für die kurze Spanne eines Lebens ist
und selbst, wenn wir dabei nur einfache, alltägliche Dinge tun können.
  Wenn unser Herz geöffnet und unser Bewußtsein frei geworden ist, dann bleibt äußerlich gese-
hen alles beim alten. Die Dinge der Welt, die

Menschen, die Beziehungen, die Tätigkeiten sind die gleichen wie zuvor, man ist der gleiche Mensch mit den gleichen Schwächen und Fähigkeiten. Aber unsere innere Einstellung hat sich gewandelt. Wir sehen die Dinge mit anderen Augen. Wir erkennen: Die Welt mit all unseren Sinnen wahrnehmen zu können, zu denken, zu fühlen, zu phantasieren, zu sprechen und zu singen, zu gehen und zu tanzen, uns unseres Körpers und unseres Selbst bewußt zu sein, mit den anderen Menschen und Lebewesen liebend verbunden zu sein: das ist alles unendlich viel. Alles, was wir darüber hinaus haben können, ist gering im Verhältnis zu dem, was wir bereits haben.

Es geht uns so, wie dem christlichen Mystiker Ramon Llull, der seiner Freude über die einfache Erfahrung, daß wir existieren oder, wie er es nannte, »im Sein sind« mit folgenden Versen Ausdruck verlieh:

Mein Herr und Gott! Sei gelobt und gepriesen, denn große Freude wird dem Menschen, weil er sich im Sein erkennt und nicht des Seins beraubt! Ja, wir dürfen uns freuen, denn unsere fünf Sinne versichern uns, daß wir im Sein sind. Wir haben Augen, die se-

hen, Ohren, die hören, eine Nase, die Gerüche wahrnimmt, einen Mund, der sich des Geschmackes freut und eine Haut, die fühlt.

Wenn die Menschen mit Freude und Gefallen die belaubten Bäume voller Blüten und Früchte betrachten, wenn ihr Blick über Ufer und Wiesen schweift: wieviel größer muß dann erst die Freude sein, wenn sie erkennen, daß sie im Sein sind. Denn wie sehr muß, wen schon äußere Schönheit erfreut, die Schönheit im Innern beglücken.
Ach du mein Gott der Herrlichkeit und Wunder! Wenn jemand träumte, er sei tot, und erwacht und findet sich am Leben – wie groß ist seine Freude! So geht es uns, Herr, die wir glücklich sind, weil wir uns seiend sehen.
Darum, so wie ein Trunkener kaum noch bei Sinnen ist, wenn ihn die Kraft des Weins ergreift, bin ich ganz außer mir, kaum noch bei Sinnen im Überschwang des Seins![23]

Quintessenz

Es gibt eine einfache, fundamentale Einsicht, aus der sich alle wesentlichen Einstellungen zum Leben ableiten lassen und die weder einen blinden Glauben noch überragende Fähigkeiten voraussetzt. Jeder Mensch kann sie gewinnen. Sie ist wie ein verborgener Schatz, von dem wir nichts wissen, obwohl er uns ganz nah ist. Sie offenbart uns den wahren Sinn und den hohen Wert unseres Lebens. Sie kann uns und die Welt verwandeln. Sie lautet:

Unsere Existenz hier auf der Erde ist ein unfaßbares Wunder und ein großes Geschenk. Wir sind Teil des schöpferisch sich entfaltenden Universums und Leben nur in und durch die Beziehung und Wechselwirkung mit allem anderen, was existiert.
Unser innerstes Wesen ist verbunden mit dem Leben des Universums, der Erde, der Umwelt und unserer Mitlebewesen.

Für das Erwachen dieses Bewußtseins der Einheit ist das Bild unseres blauen Planeten Erde, wie er

aus der Dunkelheit des Weltalls hervorleuchtet,
das neue, zukunftsträchtige Symbol. Dieses Man-
dala-Symbol vereint die Menschheit und gibt ihr
eine gemeinsame Aufgabe. Wenn wir es zulassen,
angesichts der Erde über das Wunder unseres Daseins zu staunen, wenn uns bewußt wird, daß es
keineswegs selbstverständlich ist, daß wir leben,
atmen, fühlen, denken, sprechen und handeln
können, wenn uns wirklich bewußt wird, daß wir
bereits in einem Zustand großer Fülle leben, auch
wenn wir dies meist nicht bemerken, dann können wir nicht anders, als tiefe Dankbarkeit und
Freude über all diese wunderbaren Fähigkeiten zu
empfinden. Aus diesem Staunen, aus dieser Dankbarkeit und Freude werden alle weiteren wesentlichen Lebenseinstellungen und Lebenswerte wie
von selbst erwachsen.

Wir werden uns mit dem Universum, den Elementen der Natur – dem Feuer, dem Wasser, der
Luft und der Erde – unseren Vorfahren und allen
Lebewesen liebend verbunden fühlen, denn sie
alle haben mit ihren Leiden und Freuden, mit ihren Hoffnungen und Irrtümern dazu beigetragen,
daß wir heute überhaupt existieren können. Sie
haben uns das bestmögliche mitgegeben, was sie
uns geben konnten.

Wir werden liebevoll mit uns selbst umgehen.
Wir werden achtsam und wertschätzend mit unserem Körper und unserer Umwelt umgehen,
denn sie bilden die Basis all dessen, was wir sind.
Wir werden versuchen, unser Bestes zu geben, damit unsere Seele und unser Körper zu einem Tempel werden, in dem sich die Liebe und die Weisheit des Universums offenbaren können.

Wir werden unser Leben tiefgreifend verändern wollen, wir werden aufhören wollen mit allem,
was das Wunder des Lebens verdunkelt, herabwürdigt, einschränkt, verkleinert. Wir werden mit
dazu beitragen wollen, daß das Leben seine Würde, seinen wahren Glanz gewinnt, sich in seiner
Ganzheit und Wahrheit entfalten kann.

Wir werden mit dazu beitragen wollen, daß die
innerste Sehnsucht des Universums, sich im Licht
des Bewußtseins, in Lebendigkeit und Liebe zu offenbaren, ein kleines Stück mehr Wirklichkeit
werden kann.

Wir haben so viele Chancen einer bewußten
Lebensgestaltung und Lebenserfüllung, wie sie
noch kein Lebewesen vor uns auf diesem Planeten
hatte. Aus Dankbarkeit und Freude darüber werden wir uns verpflichtet fühlen, etwas von dem,
was wir geschenkt bekommen haben, weiterzuge-

ben. Wir werden uns wünschen, unseren eigenen
Beitrag am Bauwerk der Evolution leisten zu dürfen. Und was könnten wir Besseres weitergeben,
als unsere Fähigkeit zum Wundern und Staunen,
unsere Dankbarkeit, Verbundenheit, unsere Freude und Liebe, unsere Bereitschaft, aus den in unserem Organismus angelegten Fähigkeiten und
Möglichkeiten das Beste zum Wohle der Natur,
die uns hervorgebracht hat, und zum Wohle aller
anderen Lebenwesen zu machen?

Der archimedische Punkt
Übung

*D*iese Übung kann Ihnen möglicherweise die wichtigste Erfahrung vermitteln, die Sie in Ihrem Leben je gemacht haben und jemals machen können. Darum sollten Sie sich für sie genügend Zeit lassen und sie so oft wiederholen, wie es Ihnen möglich ist. Erwarten Sie aber auch nichts Dramatisches oder Großartiges. Das Wesentliche und Entscheidende beginnt meist mit ganz zarten, leisen und unscheinbaren Empfindungen und Gefühlen.

Wenn Sie bereits ein Entspannungsverfahren kennen oder eine Meditationshaltung gewöhnt sind, dann verwenden Sie ruhig diese als Einleitung. Wenn nicht, lesen Sie bitte zuerst die folgenden Schritte und üben Sie dann.

Suchen Sie sich einen Ort, an dem Sie ausreichend Ruhe haben und für etwa 15 Minuten ungestört sein können. Der Ort sollte für Sie angenehm sein, und Sie sollten sich wohlfühlen.

Setzen Sie sich oder legen Sie sich so, daß Sie sich ganz entspannt fühlen können. Es ist nicht wichtig, daß Sie eine besondere Körperhaltung

einnehmen. Das Wunder des Lebens ereignet sich
ohnehin in Ihnen, ob Sie sitzen, gehen, liegen,
schlafen oder wachen. Viel wichtiger ist, daß Sie
sich so entspannen können, daß Sie mit Ihrem
Herzen in Kontakt kommen und Sie sich seinen
leisen Impulsen öffnen können.

Wenn Sie Ihre Ausgangshaltung eingenommen
haben, überprüfen Sie noch einmal kurz, ob Sie
auch wirklich bequem sitzen. Überprüfen Sie Ihr
Gesicht, lockern Sie die Stirn, die Augenpartie, die
Kiefermuskulatur, lockern Sie die Schultern und
atmen Sie einige Male etwas tiefer in den Bauch ein
und aus. Stellen Sie sich vor, daß beim Ausatmen
eine Welle der Wärme und Entspannung erst durch
Ihre Arme, dann durch Ihre Beine fließt. Mit jedem
Ausatmen wird die Entspannung tiefer und tiefer.
Sie lassen sich ganz los.

Wenn Sie den Eindruck haben, daß Sie zur
Ruhe gekommen, Arme, Beine und der Körper
entspannt sind und Sie sich wohl fühlen, dann lassen Sie allmählich in sich das Bild der Erde entstehen. Stellen Sie sich vor, daß Sie sich wie ein Welt-
raumfahrer außerhalb der Erde befinden und die
Erde vor Ihnen als weiß-blauer Ball liegt.

Lassen Sie sich Zeit, bis Sie ganz in Fühlung mit
dieser Vorstellung sind. Wenn die Gedanken ab-

schweifen, ist das in Ordnung. Kommen Sie dann einfach zum Bild der Erde zurück. Denken Sie immer wieder daran, daß das Bewußtsein, das Sie durch diese Übung bekommen können, die wichtigste Veränderung in Ihrem bisherigen Leben mit sich bringen kann und daß sich die kleine Anstrengung der Konzentration lohnt.

Schauen Sie in die Tiefe und Weite, in die Unermeßlichkeit des Universums und schauen Sie auf den blauen Planeten, der unsere Heimat ist. Öffnen Sie sich für alle Gefühle, die in Ihnen bei diesem Anblick entstehen. Erwarten Sie nichts Dramatisches.

Vielleicht kommt erst einmal gar nichts. Dann ist es auch gut. Vielleicht kommen Wehmut, Trauer, Schmerz, Angst. Lassen Sie es zu. Öffnen Sie sich diesen Gefühlen ganz. Unsere Erde hat diese Gefühle verdient. Sie braucht alle diese Gefühle von uns.

Vielleicht kommen aber auch Zärtlichkeit und Liebe. Lassen Sie es zu. Öffnen Sie sich diesen Gefühlen ganz.

Vielleicht haben Sie das Bedürfnis, unsere Erde, unsere gute Mutter, in die Arme zu schließen, sie zu streicheln, sie zu liebkosen. Tun Sie es. Sie hat es verdient. Sie braucht es.

Vielleicht spüren Sie Liebe und Dankbarkeit. Lassen Sie es zu. Öffnen Sie sich diesen Gefühlen ganz. Bringen Sie sie der Erde gegenüber zum Ausdruck. Sagen Sie ihr, daß Sie sie lieben, daß Sie ihr danken. Sie hat es verdient. Sie braucht es.

Vielleicht spüren Sie etwas davon, daß unsere Erde und das sie umgebende Universum zusammengehören, daß sie aus den gleichen Elementen bestehen, daß das Universum die Erde hervorgebracht hat und daß die Erde Sie hervorgebracht hat, daß Sie ein Kind der Erde und des Universums sind und daß dies alles ein einziger großer Organismus ist.

Vielleicht spüren Sie aber auch schon etwas davon, daß die Existenz dieses Planeten vor Ihnen inmitten der Kälte und Einsamkeit des Universums ein großes Wunder ist. Vielleicht spüren Sie, wie einzigartig und unendlich kostbar unsere Erde ist, mit allem, was sich darauf befindet.

Vielleicht ahnen Sie auch schon etwas davon, wie unsinnig so viele Dinge sind, die wir Menschen uns selbst und miteinander, den anderen Lebewesen und der Erde antun.

Vielleicht spüren Sie etwas von dem tiefen Wunsch in Ihrer Seele, diese Chance, die die Erde Ihnen in diesem Leben bietet, wirklich zu nutzen, und vielleicht möchten Sie das, was in Ihnen leben möchte, von nun an auch ganz zum Ausdruck bringen.

Denken Sie an die unermeßliche Weite und Tiefe des Universums mit seinen Milliarden von Sonnensystemen und Galaxien.

Denken Sie an die unvorstellbaren Zeiträume, in denen Planeten und Sterne in gigantischen Geburtswehen und gigantischen Todeskämpfen entstehen und vergehen.

Denken Sie dann an unseren blauen Planeten Erde, der wie eine gastfreundliche Oase in der Dunkelheit, Kälte, Unwirtlichkeit, Einsamkeit, Fremdheit und Dunkelheit des Weltalls aufleuchtet.

Denken Sie an die Jahrmillionen, die es gebraucht hat, bis Leben auf dieser Erde entstehen konnte, an die unermeßlichen Qualen und Leiden, den unerbittlichen Kampf um das Dasein und Überleben, mit denen sich das Leben auf diesem Planeten durchgesetzt und durch das es sich fortentwickelt hat.

Denken Sie an die Lebewesen und Menschen, die uns vorangegangen sind, die geboren wurden, gelebt, gehofft, gelitten haben und wieder gestorben sind und die alle mit ihrem Dasein, mit ihren Erfahrungen dazu beigetragen haben, daß wir heute sind.

Denken Sie an Ihre direkten Vorfahren, Ihre
Großeltern, Ihre Eltern, die es Ihnen ermöglicht
haben, heute hier zu sein.

Denken Sie an Ihre Zeit im Mutterleib, wie der
Samen Ihres Vaters sich mit dem Ei Ihrer Mutter
vereinigte und wie dann die Kraft des Lebens und
die Weisheit des ganzen evolutionären Prozesses,
die unsere wahren Eltern sind, begannen, unseren
Organismus aufzubauen.

Stellen Sie sich Ihre Geburt vor und machen Sie
sich bewußt, daß Sie doppelten Ursprungs sind.
Sie wurden von konkreten Eltern gezeugt und von
einer konkreten Mutter geboren, aber das wirkliche Leben wurde Ihnen vom Universum, von der
Sonne und der Erde, dem Wasser und der Luft geschenkt, die auch Ihre Mutter und Ihren Vater
hervorgebracht haben. Machen Sie es sich bewußt, daß Sie vor allem ein Kind Ihrer kosmischen Eltern sind.

Machen Sie es sich bewußt, daß das Leben Sie
gewollt hat, so wie Sie sind. Das Leben hat Ihnen
ein bestimmtes Geschlecht, einen bestimmten
Körper, auch bestimmte seelische und geistige An-
lagen geschenkt und große Hoffnung in Sie ge-
setzt. Die Hoffnung nämlich, daß es in Ihnen zu
dem findet, was seine tiefste Sehnsucht ist: be-

wußt und ganz da zu sein in Liebe, Licht, Freiheit und Freude.

Nehmen Sie nun Ihren Körper wahr. Spüren Sie seine Wärme. Lauschen Sie ein wenig nach innen und spüren Sie das pulsierende Leben in sich. Beobachten Sie ein wenig Ihren Atem. Machen Sie sich bewußt, daß dieses pulsierende Leben und der Atem kosmischer Natur sind. Wir haben das Leben nicht gemacht, wir haben den Atem nicht gemacht, wir haben das Bewußtsein nicht gemacht.

Machen Sie sich ganz bewußt:

ES lebt in uns,
ES pulsiert in uns,
ES atmet in uns,
ES nimmt wahr in uns,
ES fühlt in uns,
ES phantasiert in uns,
ES denkt in uns.

Stellen Sie sich diese pulsierende Energie, dieses Leben in Ihnen als ein warmes goldenes Licht vor, das Ihren Körper durchflutet, Ihren Körper umgibt und von Ihrem Körper ausstrahlt. Stellen Sie sich vor, daß dieses Licht das Höchste und Beste ausdrückt, wonach sich das Leben in Ihnen sehnt: die Fülle des Lebens in Freiheit auszudrükken, zu einem klaren Bewußtsein der Wahrheit und Wirklichkeit zu gelangen, sich in Liebe mit allem, was existiert, verbunden zu fühlen und die grenzenlose Freude über dieses Wunder der Existenz mit allen zu teilen.

Wenn Sie die Übung beenden möchten, beenden Sie sie. Verabschieden Sie sich von der Erde und ihrem Körper und sagen Sie ihnen, daß Sie sie nicht vergessen werden und daß Sie wieder zu ihnen zurückkommen werden, um wieder mit ihnen in eine gefühlsmäßige Beziehung zu treten.

Kommen Sie allmählich zurück und halten Sie sich bewußt, daß diese Übung möglicherweise die wichtigste ist, die Sie jemals in Ihrem Leben gemacht haben.

Anmerkungen und Literatur

1 Albert Einstein: Mein Weltbild, Zürich o.J.

2 Zitiert nach Anthony de Mello: Warum der Schäfer jedes Wetter liebt. Verlag Herder, Freiburg – Basel – Wien 1988, S. 175

3 Zitiert nach Kevin W. Kelley: Der Heimatplanet. Frankfurt: Zweitausendeins, Frankfurt am Main 1992, Umschlagklappe

4 Ebd. S. 138

5 Ebd. S. 38

6 Julius Ruska: Tabula Smaragdina. Heidelberg: Carl Winters Universitätsbuchhandlung 1926. Vgl. auch »Die Tabula Smaragdina« in: Lutz Müller: Magie. Kreuz Verlag, Stuttgart 1989

7 Gerhard Wehr: Angelus Silesius – Der cherubinische Wandersmann. Schaffhausen: Novalis 1977, 3. Buch, Vers 118, S. 134

8 Brian Swimme: Das Universum ist ein grüner Drache: Ein Dialog über die Schöpfungsgeschichte oder von der mystischen Liebe zum Kosmos. Claudius Verlag, München 1991, S. 23

9 Jakob Böhme: Zitiert nach Gerhard Wehr: Jakob Böhme. Geistige Schau und Christuserkenntnis. Novalis Verlag, Schaffhausen 1986, S. 143

10 Julius Ruska: Tabula Smaragdina. Carl Winters Universitätsbuchhandlung, Heidelberg 1926. Vgl. auch: »Die Tabula Smaragdina« in: Lutz Müller: Magie. Kreuz Verlag, Stuttgart 1989

11 Alfonso di Nola: »Aus der Sonnenhymne des Amenophis IV. – Echnaton« aus: Gebete der Menschheit, erschienen im Eugen Diederichs Verlag

12 John B. Priestley: Rain upon Godshill. Toronto 1939. Zitiert nach Gerhard Adler: Zur Analytischen Psychologie. Rascher Verlag, Zürich 1952, S. 159 f

13 Antoine de Saint-Exupéry: Wind, Sand und Sterne. © 1939 und 1956 by Karl Rauch Verlag KG, Düsseldorf

14 Marie-Louise von Franz: Die Suche nach dem Selbst. Individuation im Märchen. Kösel-Verlag, München 1985, S. 43

15 Die Bibel: Genesis 2, 7

16 Seattle: Auschnitt aus einer Rede, die Häuptlings Seattle 1855 an den Präsidenten der Vereinigten Staaten gerichtet haben soll (historisch nicht belegt). Der Text ist eine freie Barbeitung eines Redetextes, der erstmalig publiziert wurde im »Seattle Sunday Star«, 1887 und später auch in der Washington Historical Quarterly erschienen ist. Die Übersetzung besorgte die Dedo Weigert Film GmbH, München

17 Gerhard Wehr: Novalis. Novalis Verlag, Schaffhausen 1976, S. 137

18 Die Bibel, 1. Korinther 6, 19 f

19 Gerhard Wehr: Angelus Silesius – Der cherubinische Wandersmann. Novalis Verlag, Schaffhausen 1977, Buch 1, Vers 60, S.49

20 Hildegard von Bingen, Scivias – Wisse die Wege. Nach dem Originaltext des Illuminierten Rupertsberger Kodex ins Deutsche übertragen von Maura Böckeler. Otto Müller Verlag, Salzburg, 8. Aufl, 1987, S. 409

21 Alan Watts: Die Illusion des Ich. Westliche Wissenschaft und Zivilisation in der Krise. Kösel-Verlag, München 1980, S. 139

22 Anthony de Mello: Warum der Vogel singt, Verlag Herder, Freiburg – Basel – Wien 1984, S. 21

23 Ramon Lull: Die Kunst, sich in Gott zu verlieben. Verlag Herder, Freiburg – Basel – Wien 1985, S. 68 ff